Best Modular
micro apartments

© 2020 Instituto Monsa de ediciones.

First edition in January 2020 by Monsa Publications,
Carrer Gravina 43 (08930) Sant Adrià de Besós.
Barcelona (Spain)
T +34 93 381 00 50
www.monsa.com monsa@monsa.com

Editor and Project director Anna Minguet
Art director and Cover design Eva Minguet
Layout Marc Giménez (Monsa Publications)
Cover image by Brad Swartz Architects
Back cover image by Phoebe Sayswow Architects
Printed by Cachiman Grafics

Shop online:
www.monsashop.com

Follow us!
Instagram: @monsapublications
Facebook: @monsashop

ISBN: 978-84-17557-16-4
D.L. B 74-2020

BEST

Modular
Micro |
Apartments

monsa

Intro

Can we get a feeling of spaciousness and well-being in an apartment when the available space is very limited? This book shows that not only is it possible, but often the solutions turn the house itself into a unique and singular space. These types of projects are also a challenge for architects, since they require bringing into play all their ingenuity, technique and talent, from the use of the height of the ceilings to gain space, to the use of panels or sliding doors to obtain diaphanous areas while still retaining privacy.

The almost obsessive search for practicality without sacrificing aesthetics is a storage and comfort solution. Modular furniture that can be folded, nested and contracted for easy handling, integrated or independent spaces, open or closed, the possibilities are endless.

¿Es posible conseguir una sensación de amplitud y bienestar en un apartamento, cuando el espacio disponible es muy limitado? Este libro muestra que no solo es posible, sino que a menudo las soluciones consiguen convertir la propia vivienda en un espacio único y singular.
Además, este tipo de proyectos significan todo un reto para el arquitecto, ya que le exigen poner en juego todo su ingenio, técnica y talento, desde el aprovechamiento de la altura de los techos para ganar espacio al espacio, hasta el uso de paneles o puertas correderas, que permiten obtener áreas diáfanas sin renunciar, a su vez, a la intimidad.

La búsqueda casi obsesiva de la practicidad sin renunciar a la estética, es una solución de almacenamiento y confort. Muebles modulares que pueden doblarse, anidarse y contraerse para facilitar su manipulación, espacios integrados o independientes, abiertos o cerrados, las posibilidades son infinitas.

MY HOME AND OFFICE

452 sq ft | 42 m^2

Silvia Allori
Florence, Italy
Photo © Simone Bossi

The renovation of this apartment, originally designed and built by Architect Roberto Monsani in 1973, was aimed at making the most of the space available without sacrificing comfort. Silvia Allori bought the apartment in 2015, renovated the kitchen and the bathroom, replaced the flooring material, and fitted the apartment with new textiles and design objects.

Providing storage space was a programmatic requirement, which was, nonetheless, approached in a playful way. Any conventional ideas regarding open shelving were rejected in favour of a pegboard system that allows for a multitude of configurations.

La reforma de este apartamento, originalmente diseñado y construido por el arquitecto Roberto Monsani en 1973, saca partido del espacio disponible sin sacrificar el confort. Silvia Allori compró el apartamento en el año 2015, reformó la cocina y el baño, cambió el material de suelo, y decoró el apartamento con nuevos tejidos y objetos de diseño.

Uno de los principales requisitos era proporcionar espacio de almacenamiento, el cual fue abordado de una manera lúdica. Se rechazaron las estanterías abiertas convencionales en favor de un sistema mural lleno de pequeños agujeros, que permite infinidad de configuraciones.

A golden metallic curtain, made with an isothermal emergency blanket from a survival kit, separates the kitchen from the corridor. It brings colour and sparkle to the all-white scheme, while transforming the kitchen into a sitting area.

Una cortina metálica dorada, realizada con una manta isotérmica de un kit de supervivencia, separa la cocina del pasillo. Aporta color y brillo al diseño del "todo en blanco", a la vez que transforma la cocina en una zona de estar.

A continuous bench along the four living room walls provides plenty of seating and bedding. Two large closets add thickness to the wall adjacent to the kitchen, allowing for a pocket door to separate the living area from the kitchen and bathroom and for a niche accommodating a foldaway table.

Un banco continuo a lo largo de las cuatro paredes del salón proporciona mucho espacio para sentarse y descansar. Dos armarios grandes añaden volumen a la pared que está al lado de la cocina, permitiendo una puerta corredera que separa el salón de la cocina y el baño, y un pequeño espacio para una mesa plegable.

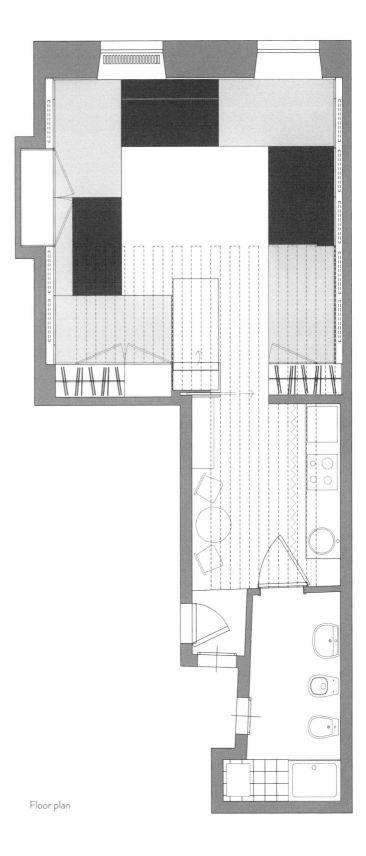

Floor plan

CLERESTORY LOFT

500 sq ft | 46 m²

Vertebrae Architecture
Venice, California, United States
Photo © Art Gray Photography

Built over an existing two-car garage, the project is an accessory dwelling unit (ADU) on a single-family residential lot. By definition, an ADU can be an apartment over a garage, a backyard cottage, or a basement apartment. They provide home-owners the option to house more family members or gain additional income via rent, making this a sensible move for lifestyle and financial reasons.

Construido sobre un garaje existente para dos coches, el proyecto es una unidad de vivienda accesoria (ADU) en un lote residencial unifamiliar. Por definición, una ADU puede ser un apartamento sobre un garaje, una cabaña en el patio trasero o un apartamento en el sótano. Ofrecen a los propietarios la opción de alojar a más miembros de la familia o de obtener ingresos adicionales a través del alquiler, lo que hace que esta medida sea sensata por razones financieras y de estilo de vida.

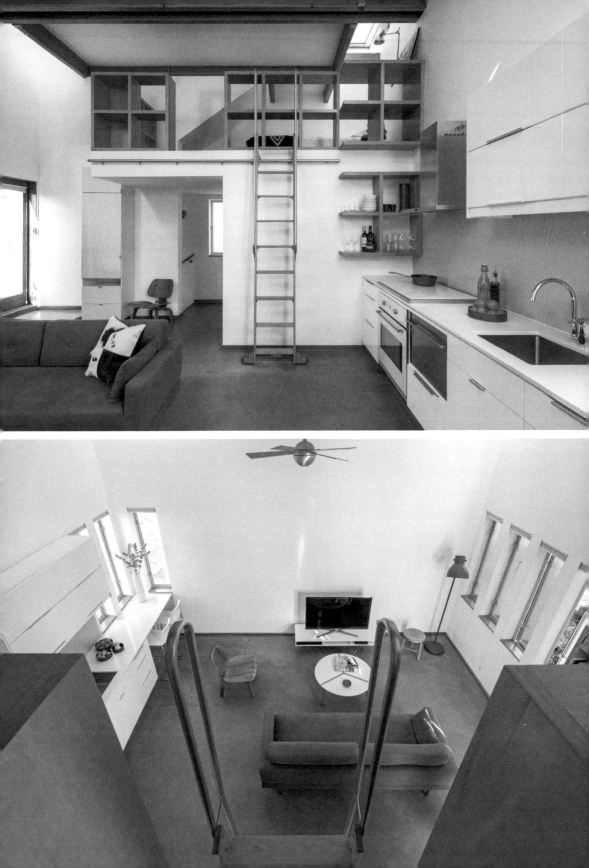

A. Eating
B. Lounging
C. Sleeping
D. Bathing
E. Working

Floor plan

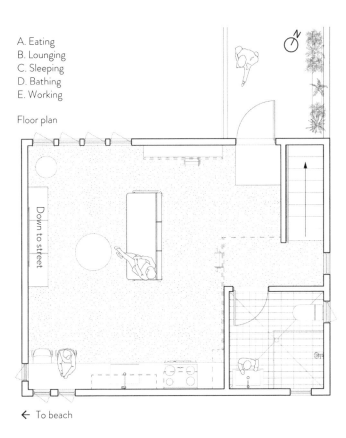

Down to street

← To beach

Two sets of stacked shelves are accessed by movable, locking ladders. While maximizing storage for the unit, they also serve as a guardrail and visual separation for the sleeping loft above.

Se accede a dos juegos de estantes apilados mediante escaleras móviles con cerradura. Al mismo tiempo que maximizan el almacenamiento de la unidad, también sirven como barandilla y separación visual para el desván donde se duerme.

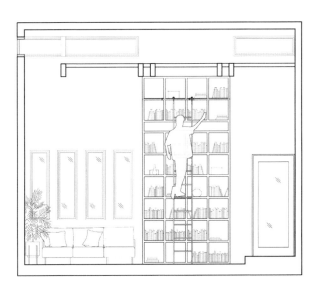

Interior elevation facing the entry

A full kitchen provides ample counter capacity with an
adjacent area for eating or working, concentrating three
functions into a minimal footprint.
Loft beds are good space-saving solutions for small
homes where every inch counts. They optimize tall ceiling
heights and allow for program underneath.

Una cocina completa proporciona una amplia capacidad de
mostrador con un área adyacente para comer o trabajar,
concentrando tres funciones en un espacio mínimo.
Las camas del desván son buenas soluciones que ahorran
espacio para las casas pequeñas donde cada pulgada
cuenta. Optimizan alturas de techo altas y permiten
almacenamiento en su parte inferior.

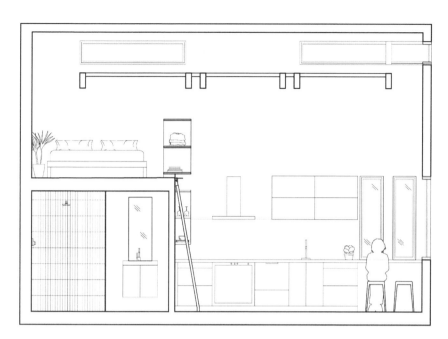

Interior elevation facing the eating and working areas

NANO PAD

237 sq ft | 22 m²

Studio Prineas
Sydney, New South Wales, Australia
Photo © Chris Warnes

This project was specifically designed as a short-stay accommodation and as an alternative to the shortcomings of conventional design hotels in Sydney. The existing studio apartment was compromised by poor planning with a lack of defined spaces and a comparatively oversize and underused entry. The design focuses on a contemporary plywood insertion that sits within the existing fabric of the apartment. A level change, created by the bed platform and its associated cabinetry, establishes a threshold and a visual distinction between the living and the sleeping zones while maximizing opportunities for storage and space.

Este proyecto fue diseñado específicamente como un alojamiento de corta estancia y como una alternativa a las deficiencias de los hoteles de diseño convencionales en Sidney. El apartamento-estudio existente se vio comprometido por una mala planificación, con una falta de espacios definidos y una entrada comparativamente sobredimensionada e infrautilizada. El diseño se centra en una inserción de madera contrachapada que se asienta dentro de la tela existente del apartamento. Un cambio de nivel, creado por la plataforma de la cama y su mueble anexo, establece un umbral y una distinción visual entre la zona de estar y la zona de dormir al mismo tiempo que maximiza las oportunidades de almacenamiento.

The inserted object is made of lime-washed plywood, creating a clear distinction with the surfaces of the existing apartment. This serene environment is punctuated by black elements, including coat hooks. Steel-framed mirrors with rounded corners are contemporary iterations of the deco features in the apartment.

El objeto insertado está hecho de madera contrachapada lavada con cal, creando una clara distinción con las superficies del apartamento existente. Este ambiente sereno está salpicado de elementos negros, incluyendo colgadores para abrigos. Los espejos con marco de acero y esquinas redondeadas son detalles modernos de los elementos decorativos del apartamento.

This level change in the bedroom area extends into the bathroom. Raising the floor facilitated the relocation of plumbing fixtures and offered a design opportunity that resulted in a raised slatted platform that creates a sauna-like feel.

Este cambio de nivel en el área del dormitorio se extiende hasta el baño. La elevación del suelo facilitó la reubicación de los accesorios de fontanería y ofreció una oportunidad de diseño que resultó en una plataforma de listones elevados que crea una sensación similar a la de una sauna.

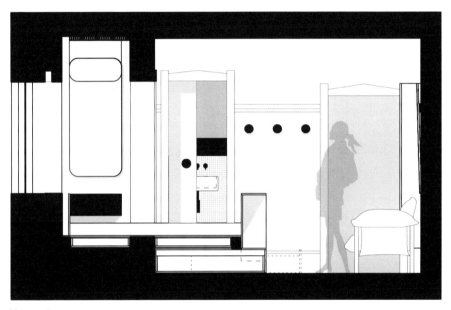

New sections

New sections

A level change can demarcate different areas without having to rely on partitions. The raised flooring can offer the opportunity to conceal pipes or to create additional storage space.
The compact kitchenette contributes to the clean plan of the apartment while satisfying a guest's needs during a short-term stay.

Un cambio de nivel puede delimitar diferentes áreas sin tener que depender de las particiones. El suelo elevado puede ofrecer la oportunidad de ocultar tuberías o crear espacio de almacenamiento adicional. La cocina compacta contribuye a la limpieza del apartamento al mismo tiempo que satisface las necesidades de los huéspedes durante una estancia de corta duración.

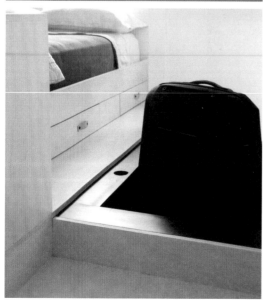

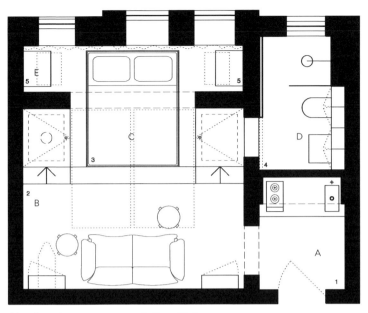

New floor plan

A. Entry/kitchen
B. Living area
C. Bed platform/underbed storage
D. Bathroom
E. Closet

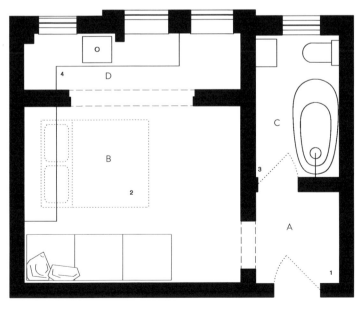

Existing floor plan

A. Entry
B. Murphy bed/living area
C. Bathroom
D. Kitchen

BRERA APARTMENT

366 sq ft | 34 m²

Cesare Galligani, PLANAIR
Milan, Italy
Photo © Luca Broglia

The design for this apartment is characterized by a flexible layout achieved by means of a series of moving partitions, which can alter the configuration of the space and provide for a multitude of storage possibilities, including cupboards, drawers, cubbies, and shelves, making the most of every nook and cranny.

The functions of the space are organized along the living room's perimeter without blocking the light from two large windows. The use of space is optimized thanks to compact functional elements, freeing the space as much as possible, and exposing it to the light.

The design capitalises on high-impact ideas, whether is views through a peephole, or surfaces that partially fold away to reveal parts of the apartment.

El diseño de este apartamento se caracteriza por tener una distribución flexible del espacio, lograda mediante una serie de particiones móviles, que pueden modificar su configuración y brindar una multitud de posibilidades de almacenaje, incluyendo armarios, cajones, pequeños espacios y estantes, aprovechando al máximo cada rincón. Las funciones del espacio se organizan a lo largo del perímetro del salón sin bloquear la luz que entra por los dos grandes ventanales. El uso del espacio se optimiza gracias a elementos funcionales compactos, que lo liberan al máximo y lo dejan abierto a la luz.

El diseño saca el máximo rendimiento a ideas de gran impacto, ya sea produciendo el efecto de mirar a través de una mirilla o creando superficies que se pliegan parcialmente para dejar ver zonas del apartamento.

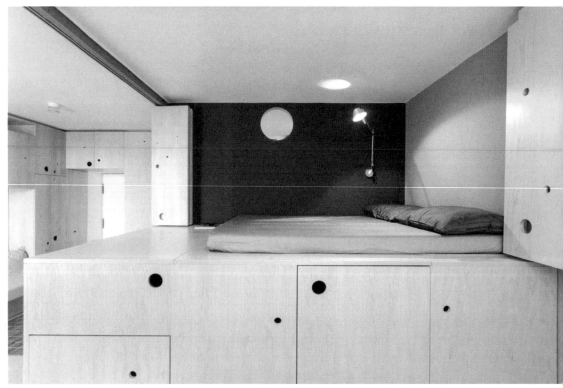

The interior is formally determined by integrated furniture able to encompass different functions and characteristics. The pieces of furniture act as spatial boundaries. The shapes of the different forms of storage are conceived based on the type of item they are to contain. Their positioning depends on how easily they need to be reached.

El interior está formado por muebles integrados que permiten diferentes funciones y características. Los muebles actúan como límites espaciales.
Las diferentes formas de almacenaje han sido concebidas según los objetos que contienen. Su posición depende de la necesidad o no de tener a mano dichos objetos.

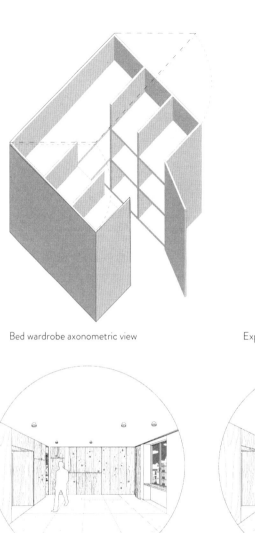

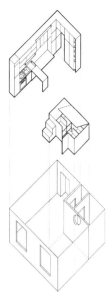

Bed wardrobe axonometric view

Exploded axonometric

Privacy

Openness and light

Separate functions

Perspective views

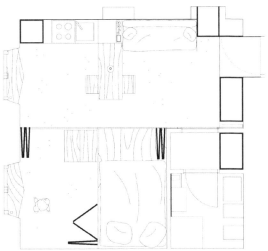

Floor plan for maximum space

Floor plan for entertainment

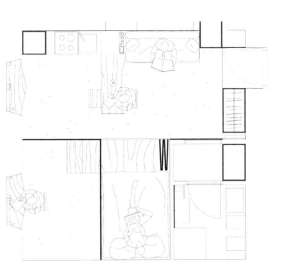

Floor plan for working

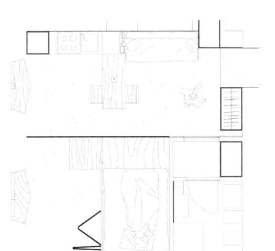

Floor plan for sleeping

SPACE-SAVING

269 sq ft | 25 m²

Black & Milk
London, United Kingdom
Photo © Black & Milk

A firm of London developers commissioned Olga Alexeeva to renovate a very small studio flat in the city center. This space-saving interior design task included reconfiguring the space and installing a new kitchen and new bathroom, as well as decorating and furniture sourcing. "This apartment was very petite and hadn't been touched for thirty years," says Olga. This Central London studio apartment was given new life and now works as a multifunctional space to satisfy the lifestyle of a busy professional woman who works in the media industry.

Una firma de promotores londinenses encargó a Olga Alexeeva la renovación de un pequeño estudio en el centro de la ciudad. Esta tarea de diseño de interiores que ahorra espacio incluyó la reconfiguración del espacio y la instalación de una nueva cocina y un nuevo baño, así como la decoración y el suministro de muebles. "Este apartamento era muy pequeño y no se había tocado en treinta años", dice Olga. Este apartamento-estudio del centro de Londres cobró nueva vida y ahora funciona como un espacio multifuncional para satisfacer el estilo de vida de una mujer profesional ocupada que trabaja en la industria de los medios de comunicación.

The home office is concealed behind mirrored doors, which visually amplify the space and reflect the light coming from the window on the opposite wall.
A double bed folds down to transform the living area into a bedroom.

El espacio dedicado a oficina está oculta detrás de puertas con espejos, que amplifican visualmente el espacio y reflejan la luz procedente de la ventana de la pared opuesta. Una cama doble se pliega hacia abajo para transformar la sala de estar en un dormitorio.

The main space is sparsely furnished to optimize flow. It can be used as a dining area to seat up to six people, a spacious sitting area to relax in or entertain, or a bedroom for resting.

El espacio principal está escasamente amueblado para optimizar el movimiento. Puede ser utilizado como un área de comedor para sentar hasta seis personas, una espaciosa sala de estar para relajarse o entretenerse, o un dormitorio para descansar.

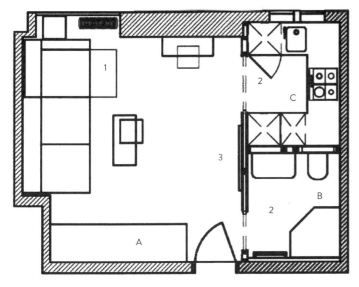

New floor plan

A. Wardrobe and study
B. Bathroom
C. Kitchen

1. Radiator
2. Pocket door
3. TV

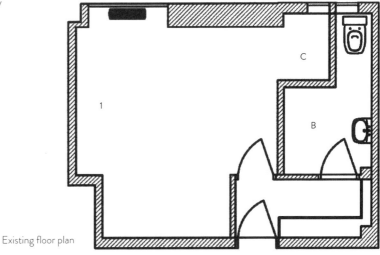

Existing floor plan

The original plan of the apartment was overly compartmentalized. The kitchen was particularly problematic, with an inefficient layout that occupied too much space. The apartment had a number of partitions which Olga removed to create a sense of space. This allowed for a large living and sleeping area with multifunctional uses.

El plano original del apartamento estaba demasiado compartimentado. La cocina era particularmente problemática, con una distribución ineficiente que ocupaba demasiado espacio. El apartamento tenía una serie de particiones que Olga quitó para crear una sensación de espacio. Esto permitía una amplia zona de estar y de dormir con usos multifuncionales.

The apartment incorporates a small but perfectly formed kitchen. To ensure that all the necessary appliances fitted well, Olga designed the kitchen first and then built the walls around it.

El apartamento incorpora una cocina pequeña pero perfectamente formada. Para asegurarse de que todos los electrodomésticos necesarios encajaran bien, Olga diseñó primero la cocina y luego construyó las paredes alrededor de ella.

TYPE ST. APARTMENT

377 sq ft | 35 m²

Tsai Design
Richmond, Victoria, Australia
Photo © Tess Kelly Photography

This one-bedroom apartment can also operate as a home office. The constraints of the existing apartment were the lack of outdoor space and daylight, a low ceiling height, and an inefficient kitchen. The design solution to overcome these constraints resulted in a timber box inserted into the apartment. The box stretches along one side of the apartment, connecting all the spaces, and changing the perception of the apartment from a succession of separate rooms to a series of adjacent areas. A subdued material palette was used to bring a sense of simplicity so as not to overwhelm the senses.

Este apartamento de una habitación también puede funcionar como oficina en casa. Las limitaciones del apartamento existente eran la falta de espacio al aire libre y de luz natural, una altura de techo baja y una cocina ineficiente. La solución para superar estas limitaciones dio como resultado una caja de madera insertada en el apartamento. La caja se extiende a lo largo de un lado del apartamento, conectando todos los espacios y cambiando la percepción del apartamento de una sucesión de habitaciones separadas a una serie de áreas adyacentes. Una tenue paleta de materiales otorga una sensación de simplicidad.

The dining table is completely hidden when not in use and the dining chairs also fold away, minimizing wasted space due to furniture. A narrow cavity between the shelves and the wall hides the dining table. It slides out via a sliding door mechanism, then folds down, creating a floating effect.
A galley kitchen makes the most of a passage between the entry and the bathroom

La mesa de comedor está completamente oculta cuando no está en uso y las sillas de comedor también se pliegan, minimizando el espacio desperdiciado debido a los muebles. Una estrecha cavidad entre los estantes y la pared oculta la mesa de comedor. Se desliza a través de un mecanismo de puerta corredera, luego se pliega hacia abajo, creando un efecto flotante. Una cocina para aprovechar al máximo el paso entre la entrada y el baño.

A clear plan and a limited material and color palette contributed to the creation of a pleasant sense of space. Natural lighting enhanced the effect. The large east-facing windows in the bedrooms and living space bathe the small apartment with abundant natural light.

Next to the entry, a wall unit combines a shoe rack, umbrella holder, coat hanger, and wine rack in the ultimate space-saving design solution.

Una distribución clara y una paleta de colores suave contribuyen a la creación de una agradable sensación de espacio. Las grandes ventanas orientadas al este en los dormitorios y en el salón bañan el pequeño apartamento con abundante luz natural.

Junto a la entrada, una pared combina un zapatero, un paragüero, un perchero y un botellero en una solución de diseño que ahorra espacio.

Floor plan

A. Kitchen
B. Living area
C. Bedroom
D. Bathroom
E. Dining area
F. Study
G. Bar
H. Green wall
I. Drying court

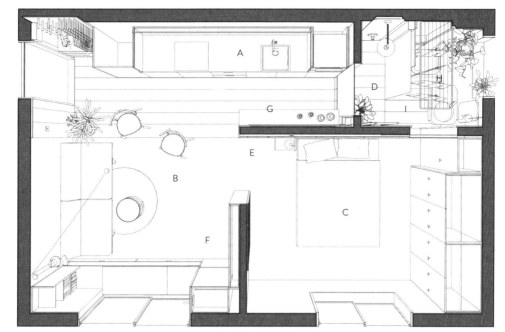

N

The sliding door between the living area and the bedroom is made of translucent polycarbonate, allowing light to pass through.
One corner of the living area is dedicated to entertainment and work. The TV screen and the home office/study setup are all hidden behind cabinets, while the folding desk disappears against the wall when not in use.

La puerta corredera entre el salón y el dormitorio es de policarbonato translúcido, permitiendo el paso de la luz. Un rincón de la sala de estar está dedicado al entretenimiento y al trabajo. La pantalla del televisor y la configuración de la oficina están ocultos detrás de los armarios, mientras que el escritorio plegable desaparece contra la pared cuando no está en uso.

RIVIERA CABIN

377 sq ft | 35 m²

LLABB
La Spezia, Italy
Photo © Anna Positano

This project deals with the renovation of an existing apartment, which mainly involved the reconfiguration of the space to optimize functionality. The brief called for a clear separation between the living and the sleeping areas. The nautical technology—strongly bound to the Ligurian region—was fundamental to the project's detailing. The optimization of storage and the adaptation to minimal dimensions of essential functions such as cooking and bathing in sailing boats were the inspirational source of the Riviera Cabin.

Este proyecto se refiere a la renovación de un apartamento que consiste principalmente en una reconfiguración del espacio para optimizar su funcionalidad. En el informe se pedía una separación clara entre las zonas de estar y las de dormir. La tecnología náutica - fuertemente ligada a la región de Liguria - fue fundamental para el desarrollo del proyecto. La optimización del almacenamiento y la adaptación a las dimensiones mínimas de funciones esenciales como cocinar y bañarse en veleros fueron la fuente de inspiración de la Rivera Cabin.

The separating wall between the day and night areas is made of marine-grade plywood with clear-finished surfaces combined with white and light blue laminated ones.

La pared de separación entre las áreas diurna y nocturna está hecha de madera contrachapada de grado marino con superficies de acabado transparente combinadas con superficies laminadas en blanco y azul claro.

The master bedroom features the plywood wall construction, making reference to boat building. At the far end of the wall, opposite the front door, a narrow staircase through a small door leads to an attic space above the master bedroom. With just enough room for a bed, the tiny attic has a small opening that looks out to the main space below.

El dormitorio principal cuenta con la construcción de la pared de madera contrachapada, haciendo referencia a la construcción de barcos. En el extremo más alejado de la pared, frente a la puerta principal, una estrecha escalera que atraviesa una pequeña puerta conduce a un espacio en el ático por encima del dormitorio principal. Con espacio suficiente para una cama, el pequeño ático tiene una pequeña abertura que da al espacio principal del piso inferior.

Detail section through main bedroom and wall cabinet

Perspective sections

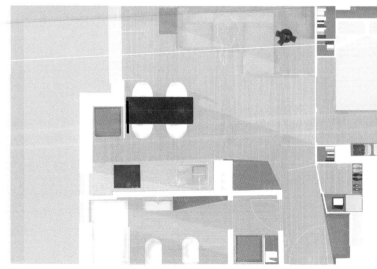

A combination of open and closed storage adds to the storage versatility of the tiny apartment, creating opportunities for the display of favorite items or simply for facilitating access to items most used.

Una combinación de almacenamiento abierto y cerrado aumenta la versatilidad del diminuto apartamento, creando oportunidades para la exhibición de artículos favoritos o simplemente para facilitar el acceso a los objetos más utilizados.

Organizational elements such as the wall separating the day and night areas can be used to integrate functions, like storage, and conceal plumbing lines. In addition to organizing the space, these elements can also serve to create pathways.

Elementos organizativos como la pared que separa las zonas diurna y nocturna pueden utilizarse para integrar funciones, como el almacenamiento, y ocultar las líneas de fontanería. Además de organizar el espacio, estos elementos también pueden servir para crear zonas de paso.

MONTORGUEIL APARTMENT

280 sq ft | 26 m²

Atelier Daaa
Paris, France
Photo © Bertrand Fomperyne

This tiny studio's plan is organized along two axes that define a modular layout and changes in materials and finishes, all with minimal partitioning. This design contributes to the creation of clearly demarcated areas that emanate functionality while maximizing an open feel. A central cabinet, integrating numerous daily-life home components, is key to changing the function of the main space. At the same time, the changes in use of the space bring with them a transformation of the apartment's atmosphere.

La planta de este pequeño estudio se organiza en dos ejes que definen una distribución modular y cambios de materiales y acabados, todo ello con un mínimo de particiones. Este diseño contribuye a la creación de áreas claramente delimitadas que emanan funcionalidad y maximizan la sensación de apertura. Un armario central, que integra numerosos componentes domésticos de la vida diaria, es la clave para cambiar la función del espacio principal. Al mismo tiempo, los cambios en el uso del espacio traen consigo una transformación de la atmósfera del apartamento.

The wall unit integrates storage. It plays a critical role in the creation of different settings, exposing some parts of the apartment while concealing others.
A straight-line kitchen is space efficient and works well with open spaces promoting fluid circulation.

El módulo mural integra la zona de almacenamiento. Desempeña un papel fundamental en la creación de diferentes ambientes, exponiendo algunas partes del apartamento y ocultando otras.
Una cocina en línea recta es eficiente en cuanto al espacio y funciona bien con espacios abiertos que promueven la circulación.

The plinth under the bed offers very valuable storage space, while a deep window sill at the foot of the bed can be used as a desk.

El zócalo debajo de la cama ofrece un espacio de almacenamiento muy valioso. Un alféizar de ventana profundo a los pies de la cama puede utilizarse como escritorio.

AXIS
Wet areas

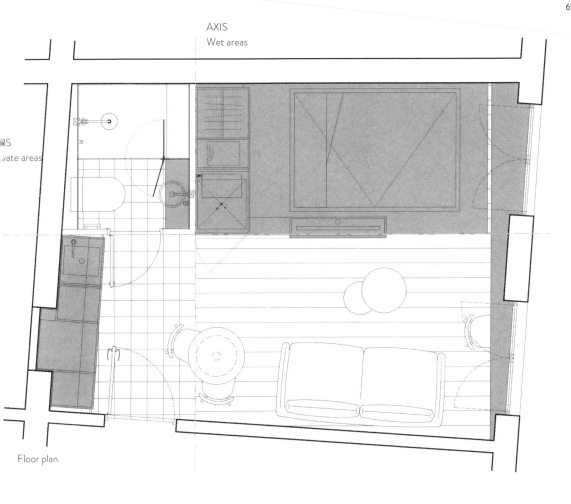

S
ate areas

Floor plan

The sliding panel alters the space, creating different sight lines and exposing hidden areas. Sliding doors have a transformative power that swing doors don't have.

El panel deslizante altera el espacio, creando diferentes líneas de visión y exponiendo áreas ocultas. Las puertas correderas tienen un poder transformador que no tienen las puertas batientes.

A change of materials can demarcate different areas. This design element avoids the need for the creation of partitions and favors openness.

Un cambio de materiales puede delimitar diferentes áreas. Este elemento de diseño evita la necesidad de crear particiones y favorece la apertura.

PIVOT APARTMENT

399 sq ft | 37 m^2

Architecture workshop PC
Robert Garneau and Eric Ansel
New York, New York, United States
Photo © Robert Garneau

Pivot is a pre-war studio transformed into an adaptable space. The brief called for a design that would make this space suitable for entertaining. Inspired by a Swiss army knife, the space is conceived as an object that expands to reveal different functions.

The design of the apartment emphasizes the openness and multi-functionality of the space. It is fit to accommodate ten for dinner, six for sleeping, a home office, a private study, and an efficient kitchen for a client who loves to entertain.

Residents come home to an airy modern apartment, where everything comfortably has its place. This is achieved through a wide range of multifunctional design elements that make the most of the available space, while offering creative and efficient storage solutions.

Pivot es un estudio de antes de la guerra transformado en espacio flexible. El objetivo del diseño era crear un espacio que fuera adecuado para recibir visitas. Inspirado en una navaja suiza, el espacio se concibe como un objeto que se expande para ofrecer diferentes funciones.

El diseño del apartamento enfatiza la amplitud y multifuncionalidad del espacio. Puede acoger a diez personas para cenar, seis para dormir, un despacho, un estudio y una cocina eficiente para un cliente al que le gusta recibir invitados.

A su llegada, los habitantes de la casa se encuentran un apartamento moderno y espacioso, donde prima el confort. Este efecto se ha logrado utilizando un amplio abanico de elementos de diseño multifuncionales que aprovechan al máximo el espacio disponible, a la vez que ofrecen soluciones de almacenaje creativas y eficientes.

A pivoting wall cabinet divides the apartment in two, where either space can be used independently when needed, revealing a wall-bed with an operable window-niche.

El armario de pared pivotante divide el apartamento en dos y deja a la vista una cama abatible. Este también dispone de una abertura que deja pasar la luz natural permitiendo el uso del espacio de forma independiente si fuera necesario.

The resident can dramatically alter the space to support different functional needs. While very appealing, this notion represented an important challenge: the option to transform the space at any given time meant that the various configurations of the space had to be coordinated with just as varied storage possibilities.

The kitchen features a backsplash that lifts to reveal storage behind. An expanding hydraulic table can be used for work or can extend into the main space when hosting guests for dinner. It can also rise up at the push of a button for additional kitchen counter space.

El habitante puede modificar el espacio para diferentes necesidades funcionales. Aunque era muy atractivo, este hecho representaba un reto importante: la opción de transformar el espacio en cualquier momento significaba que sus diversas configuraciones tenían que coordinarse con opciones de almacenamiento muy variadas.

La cocina tiene una placa en el frontal de la pared, que se eleva para mostrar un espacio de almacenaje. La mesa extensible, con altura regulable, se puede utilizar para trabajar o para ampliar el espacio principal en caso de tener invitados para cenar. O incluso, pulsando el botón, puede ser una encimera adicional de la cocina.

XS HOUSE

355 sq ft | 32 m^2

Phoebe Sayswow Architects
Taipei, Taiwan
Photo © Hey!Cheese

An affordable urban housing prototype envisions an organized home with fun aesthetics through a unique design language. Phoebe Sayswow Architects was invited to design a tiny guesthouse prototype for smart living in a metropolitan city. The compact apartment has an open plan organized on three levels, taking advantage of the high ceiling. This configuration offered the opportunity to create clearly demarcated areas, minimizing the need for partitions and thus maintaining the open feel throughout the entire apartment. A floor-to-ceiling wall unit lines one entire wall, offering plenty of open and closed storage. This wall unit is also a strong design feature that unifies the space and creates a sense of continuity.
The design speaks a succinct and exquisite visual language through the use of materials, including birch wood and white glazed tiles with pink grout.

Un prototipo de vivienda urbana asequible imagina una c[...] organizada con una estética divertida a través de un lengu[...] de diseño único. Phoebe Sayswow Architects fueron invitad[...] a diseñar un pequeño prototipo de casa de huéspe[...] para una vida inteligente en una ciudad metropolitana. [...] apartamento compacto tiene una planta abierta organizada [...] tres niveles, aprovechando el techo alto. Esta configuraci[...] ofrecía la oportunidad de crear áreas claramente delimitad[...] minimizando la necesidad de particiones y manteniendo [...] la sensación de apertura en todo el apartamento. Un arma[...] empotrado de suelo a techo cubre toda una pared y ofre[...] una gran cantidad de espacio de almacenamiento abie[...] y cerrado. Este módulo mural es también un elemento [...] diseño fuerte que unifica el espacio y crea una sensaci[...] de continuidad. El diseño habla un lenguaje visual sucinto [...] exquisito a través del uso de materiales, incluyendo madera [...] abedul y azulejos blancos esmaltados en rosa.

The potential user of the space can enjoy an inviting environment that satisfies the needs for solitary moments or for gathering times. The three levels encourage a dynamic interaction among occupants of the space.

El usuario potencial del espacio puede disfrutar de un ambiente acogedor que satisface las necesidades de momentos de soledad o de reunión. Los tres niveles fomentan una interacción dinámica entre los ocupantes del espacio.

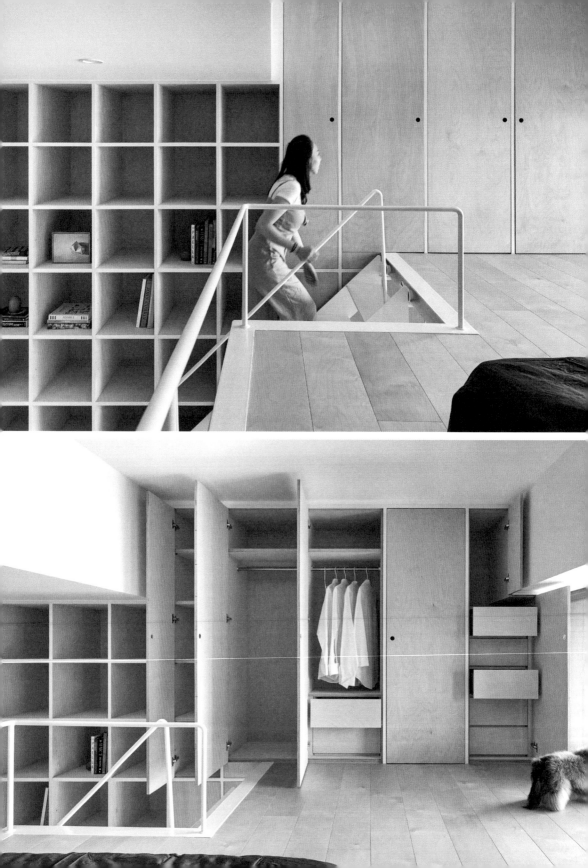

The wall unit is accessible from the two levels. A movable ladder and a stair bench connect the different levels while giving a playful touch.

El módulo mural es accesible desde los dos niveles. Una escalera móvil y un banco de escalera conectan los diferentes niveles y dan un toque lúdico.

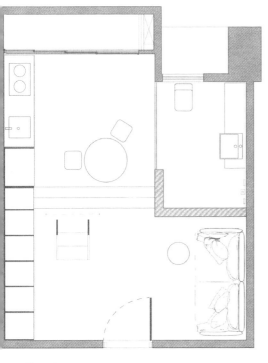

Lower floor plan

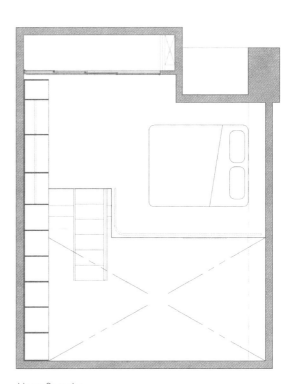

Upper floor plan

Birch wood gives a sense of warmth, while the white glazed tiles brighten up the space, reflecting the light and visually amplifying the space.

In small spaces, sliding doors offer interesting spatial possibilities, creating rooms that flow into each other. The use of materials that expand from one room into the next reinforces the visual continuity of adjacent spaces.

La madera de abedul da una sensación de calidez, mientras que los azulejos blancos iluminan el espacio, reflejando la luz y amplificando visualmente el espacio.

En espacios reducidos, las puertas correderas ofrecen interesantes posibilidades espaciales, creando espacios que fluyen entre sí. El uso de materiales que se expanden de una habitación a otra refuerza la continuidad visual de los espacios adyacentes.

IS SPACE LUXURY?

270 sq ft | 25 m²

Renato Arrigo
Sicily, Italy
Photo © Maria Teresa Furnari

The remodel of a city apartment never comes without challenges. Building and planning regulations, community concerns, existing conditions, space constraints, and cost, among other factors, generally influence its design expression. The creation of a dwelling within the spatial limitations of a 270-square-foot pre-existing space provides a comfortable living for a couple and their two teenage daughters without compromising comfort.

La remodelación de un apartamento en la ciudad siempre supone un desafío. Los reglamentos de construcción y planificación, las preocupaciones de la comunidad, las condiciones existentes, las limitaciones de espacio y el coste, entre otros factores, influyen en la expresión de su diseño. En esta ocasión, la creación de una vivienda dentro de las limitaciones espaciales de un espacio preexistente de 25 m² proporciona una vida cómoda para una pareja y sus dos hijas adolescentes sin comprometer la comodidad.

The mechanism of the bed consists of a system of pulleys typically used in sailboats. The system, simple and inexpensive, requires no maintenance and has a really low cost of implementation.

In the daytime, when the bed is pulled up against the ceiling, the floor area is cleared and made available for any use.

El mecanismo de la cama consiste en un sistema de poleas utilizado habitualmente en los veleros. El sistema, simple y económico, no requiere mantenimiento y tiene un costo de implementación realmente bajo.

Durante el día, cuando la cama se pliega hacia arriba contra el techo, el área del suelo queda despejado y disponible para cualquier uso.

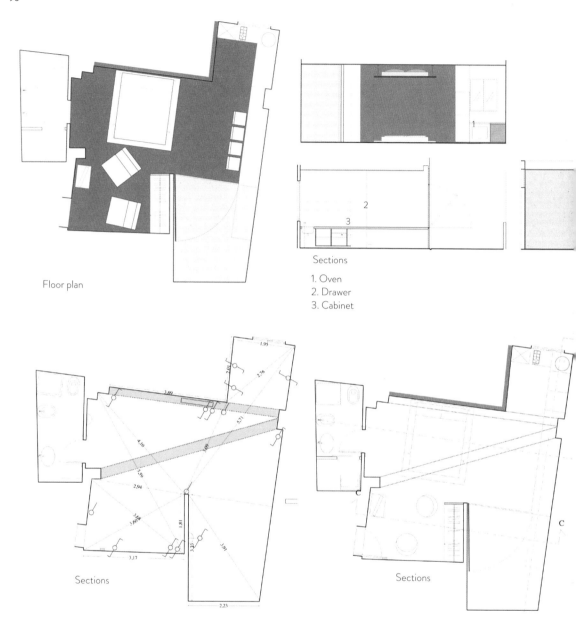

Floor plan

Sections

1. Oven
2. Drawer
3. Cabinet

Sections

Sections

The layout of the apartment is essentially an open plan with only the bathroom as a separate room. The apartment was conceived as a single space where different activities take place. These activities are not associated with any particular section of the apartment other than the kitchen and the bathroom. Rather, the space changes throughout the day, adapting to the different activities.

La distribución del apartamento es esencialmente un plano abierto con sólo el cuarto de baño como habitación separada. El apartamento fue concebido como un espacio único donde se desarrollan diferentes actividades no asociadas a ninguna sección en particular, aparte de la cocina y el baño. Es el espacio el que cambia a lo largo del día, adaptándose a las diferentes actividades.

While the bathroom is the only separate room of the apartment, its aesthetic is in line with the rest of the apartment's.
This part of the apartment is furnished with movable pieces of furniture, expressing, perhaps, the temporary character of the accommodation.

Mientras que el baño es la única habitación separada del apartamento, su estética sí está en línea con el resto del apartamento
Esta parte del apartamento está amueblada con muebles móviles, expresando, quizás, el carácter temporal del alojamiento.

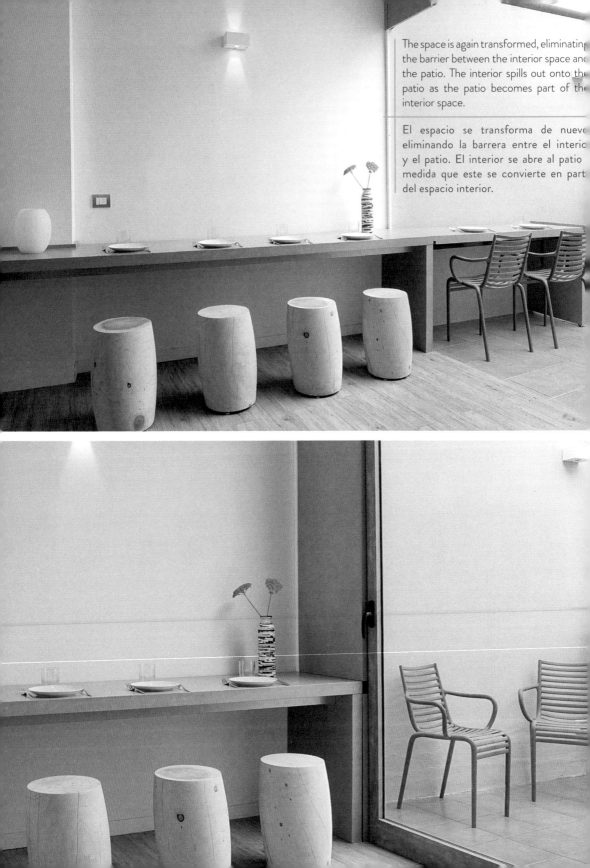

The space is again transformed, eliminating
the barrier between the interior space and
the patio. The interior spills out onto the
patio as the patio becomes part of the
interior space.

El espacio se transforma de nuevo
eliminando la barrera entre el interior
y el patio. El interior se abre al patio a
medida que este se convierte en parte
del espacio interior.

LA TOURNETTE

323 sq ft | 30 m²

FREAKS Architecture
Paris, France
Photo © David Foessel

"La tournette" is the French name given to the rotating stage that is used in theaters and opera houses. This is what inspired FREAKS when they were approached by the owners of an old high-ceiling workshop with steel and architectural glass facing a quiet street in the center of Paris. They asked for a temporary living space that could evolve according to their different activities throughout the day. In response to this special request, FREAKS devised a sculptural movable bookshelf that organizes the space in various dynamic, versatile, and flexible configurations.

"La tournette" es el nombre francés del escenario giratorio que se utiliza en teatrillos y ópera. Esto es lo que inspiró a FREAKS cuando los propietarios de un antiguo taller de techos altos se acercaron a ellos para que diseñaran un espacio a partir de dos materiales, acero y vidrio, frente a una calle tranquila en el centro de París. Pidieron un espacio de vida temporal que pudiera evolucionar de acuerdo a sus diferentes actividades a lo largo del día. En respuesta a esta petición especial, FREAKS ideó una estantería escultórica móvil que organiza el espacio en varias configuraciones dinámicas, versátiles y flexibles.

In addition to screening off the kitchen and providing shelving space, the movable wall has a folding table that, when folded down, reveals a large opening in the bookshelf that can be used as a pass-through.

Además de proteger la cocina y proporcionar espacio para las estanterías, la pared móvil tiene una mesa plegable que, al desplegarse, revela una gran abertura en la estantería que se puede utilizar.

The sleeping area on the mezzanine offers just enough room to sit upright when reading in bed. The kitchen's back wall extends past the mezzanine floor to contain the mattress and offer some privacy while allowing light in from the front of the space.

La zona de descanso en el entrepiso ofrece el espacio suficiente para sentarse derecho cuando se lee en la cama. La pared trasera de la cocina se extiende más allá del entrepiso para contener el colchón y ofrecer algo de privacidad al mismo tiempo que permite la entrada de luz desde la parte delantera del espacio.

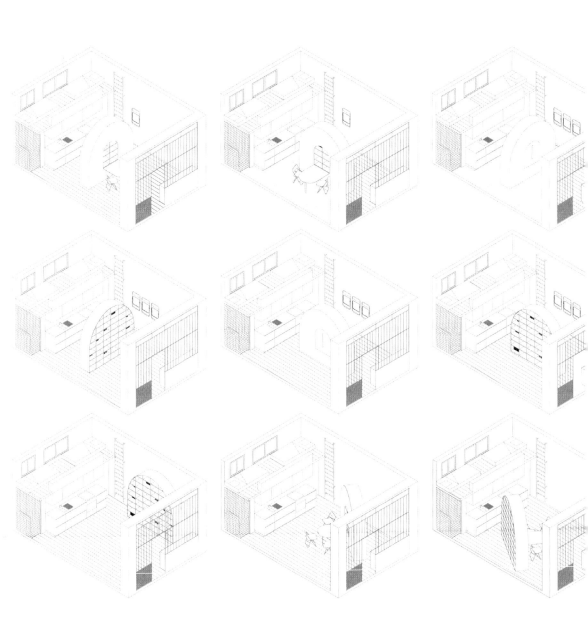

Axonometric views of different spatial configurations

Movable partitions promote flexibility, allowing different uses of the space according to different needs.

Los tabiques móviles promueven la flexibilidad, permitiendo diferentes usos del espacio de acuerdo a las diferentes necesidades.

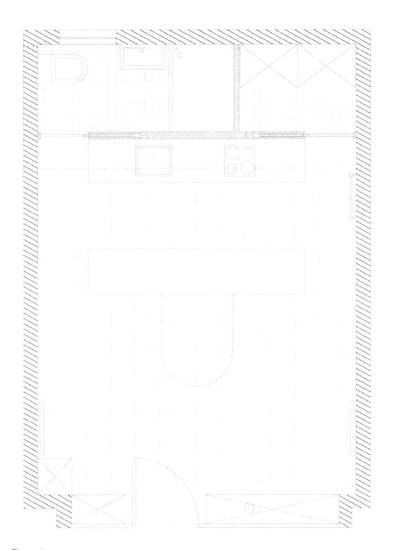

Floor plan

Challenged with the design of bathrooms—which tend to be the smallest rooms in a home—a monochromatic approach offers a clean atmosphere, avoiding visual clutter and creating a sense of simplicity and harmony.

Desafiado con el diseño de los baños, que suelen ser las habitaciones más pequeñas de una casa, este enfoque monocromático ofrece una atmósfera limpia, evitando el desorden visual y creando una sensación de simplicidad y armonía.

ATELIER_142

484 sq ft | 45 m²

Atelier Wilda
Paris, France
Photo © David Foessel

This project consists of the renovation of French painter Pierre Lemaire's old studio to create a minimalist loft in the heart of Paris. The existing interior was gutted, maintaining only the load-bearing walls and the roof. The resulting blank slate offered the possibility of organizing the space and creating new partitions according to the client's needs and lifestyle. From the beginning, one aspect of the new design both the architect and the client agreed upon was to maintain the open character of the space as much as possible, maximizing the use of built-in furniture.

Este proyecto consiste en la renovación del antiguo estudio del pintor francés Pierre Lemaire para crear un loft minimalista en el corazón de París. Se remodeló el interior existente, manteniendo únicamente los muros de carga y la cubierta. La pizarra en blanco resultante ofrecía la posibilidad de organizar el espacio y crear nuevas particiones según las necesidades y el estilo de vida del cliente. Desde el principio, un aspecto del nuevo diseño acordado entre el arquitecto y el cliente fue mantener el carácter abierto del espacio en la medida de lo posible, maximizando el uso del mobiliario empotrado.

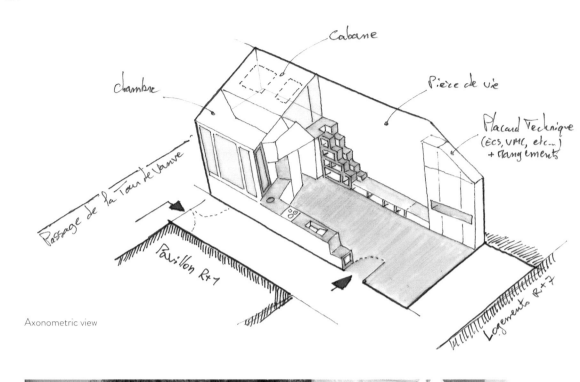

Cabane

Pièce de vie

chambre

Placard Technique
(ècs, VMC, etc...)
+ rangements

Passage de la Tour de Vanve

Pavillon R+1

Logements R+7

Axonometric view

The small house is accessed through a gate on a quiet cobblestone street. The gate leads to a private paved courtyard where the single-story building stands, enjoying privacy and some open space at the doorstep to make up for the reduced interior area.

Skylights offer additional natural lighting. Light coming from different sources, such as from skylights and windows, provides spaces with even lighting, minimizing harsh light and shadow contrasts.

A la pequeña casa se accede a través de una puerta en una tranquila calle empedrada. La entrada conduce a un patio privado pavimentado donde se encuentra el edificio de una sola planta, disfrutando de privacidad y de un espacio abierto en el umbral para compensar el reducido espacio interior.

Las claraboyas ofrecen iluminación natural adicional. La luz proveniente de diferentes fuentes, tales como claraboyas y ventanas, proporciona a los espacios una iluminación uniforme, minimizando los duros contrastes de luces y sombras.

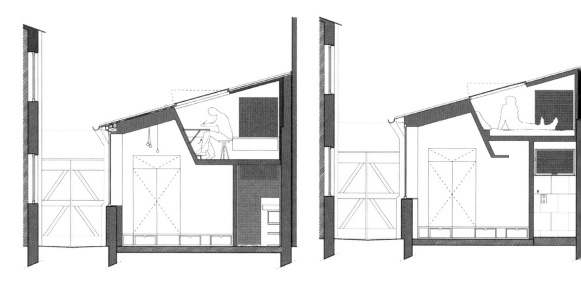

Cross sections

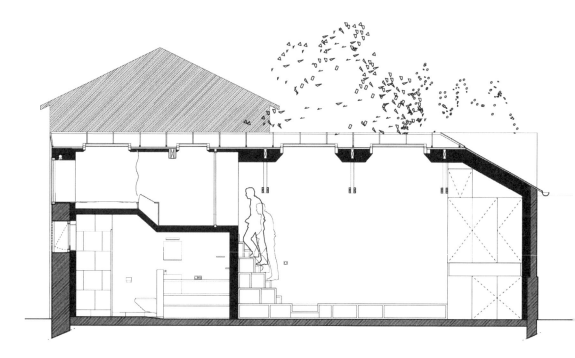

Longitudinal section

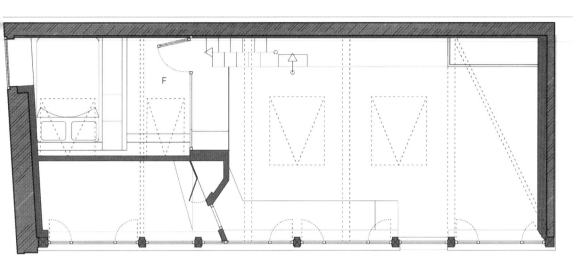

Upper level floor plan

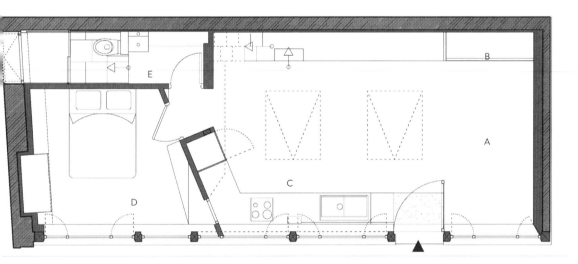

Lower level floor plan

A. Living area
B. Closet
C. Kitchen
D. Bedroom
E. Bathroom
F. Loft bed and home office

Maintaining the architectural quality of the original space was a crucial design goal. This was achieved by using minimal partitioning and by arranging all the functional components and furniture along the perimeter walls to free as much floor area as possible.

Mantener la calidad arquitectónica del espacio original era un objetivo crucial. Esto se logró utilizando un mínimo de particiones y colocando todos los componentes funcionales y muebles a lo largo de las paredes perimetrales para liberar la mayor superficie posible de suelo.

Limited color and material enhances the sense of space. The white surfaces, including walls, ceiling, and cabinetry highlight the wood details while softening and warming up the space.

A simple bathroom layout makes the most of the small area. With no tall elements interfering with the continuity of the space and a frosted glass awning window providing plenty of natural light and ventilation, the bathroom is a private and inviting corner of the house despite its reduced dimensions.

El color y el uso de materiales limitado, aumentan la sensación de espacio. Las superficies blancas, incluyendo paredes, techo y mobiliario, resaltan los detalles de madera mientras suavizan y aportan calidez al espacio. Un sencillo diseño del baño aprovecha al máximo la pequeña superficie. El baño es un rincón privado y acogedor de la casa a pesar de sus reducidas dimensiones.

No presenta elementos altos que interfieran con la continuidad del espacio. Una ventana de cristal esmerilado proporciona mucha luz natural y ventilación,

ATTIC TRANSFORMER

225 sq ft | 24 m²

Michael K Chen Architecture/MKCA
New York, New York, United States
Photo © Alan Tansey

MKCA's client was seeking to turn a small and awkwardly shaped apartment on the top floor of an apartment building into a modern and multifunctional home. The project makes the most of this compact space with windows on two sides and a small attic corner. The space was aggressively yet efficiently subdivided and loaded with a custom-built transforming wall unit, which makes comfortable living, cooking, dining, working, and entertaining all possible, despite the space limitations.

El cliente de MKCA buscaba convertir un pequeño y torpe apartamento en el último piso de un edificio de apartamentos en una casa moderna y multifuncional. El proyecto aprovecha al máximo este espacio compacto con ventanas en los dos lados y una pequeña esquina del ático. El espacio fue subdividido y cargado con una unidad de pared transformable hecha a medida, lo que hace que sea posible vivir, cocinar, comer, trabajar y entretenerse de forma cómoda, a pesar de las limitaciones de espacio.

Beautifully crafted custom millwork, as well as fine vintage and contemporary furnishings, make for a luxurious and youthful interior design where nothing falls out of proportion in the tiny pad.

El trabajo artesanal de la carpintería, así como el mobiliario de estilo vintage contemporáneo, hacen que el diseño interior sea lujoso y juvenil, donde nada cae fuera de proporción.

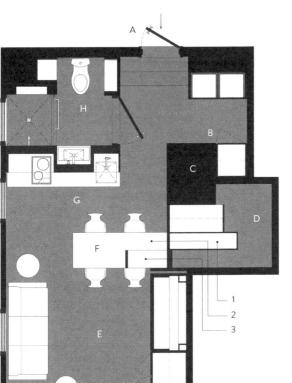

A. Entry
B. Storage
C. Chimney
D. Attic
E. Living room
F. Dining/office
G. Kitchen
H. Bathroom

1. Pull-out pantry
2. Six-foot pull-out table
3. Pull-out computer

Floor plan for living room

A. Entry
B. Storage
C. Bedroom
D. Dressing area
E. Bathroom

1. Pull-out wardrobe
2. Fold-down bed
3. Wardrobe

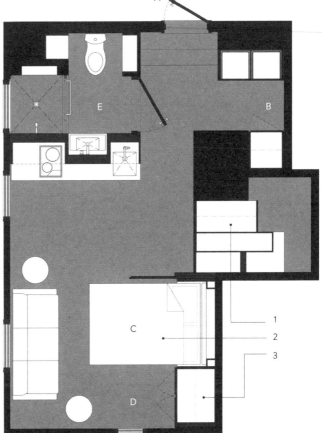

Floor plan for bedroom

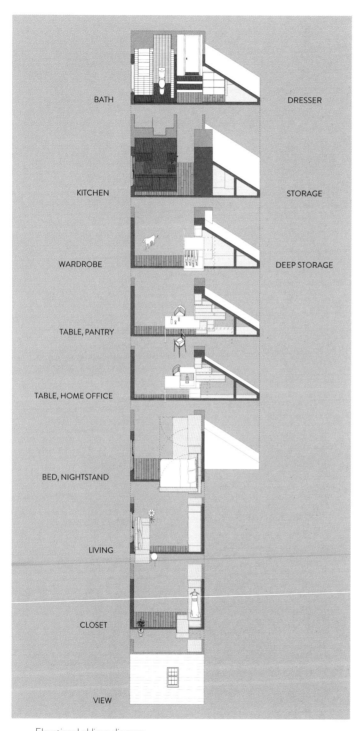

BATH

DRESSER

KITCHEN

STORAGE

WARDROBE

DEEP STORAGE

TABLE, PANTRY

TABLE, HOME OFFICE

BED, NIGHTSTAND

LIVING

CLOSET

VIEW

Elevational oblique diagram

The compact kitchen is one of the main focal points of the apartment, marking the area where cooking and eating take place. It also frames the passage between the entry area and the main room, which accommodates various changing activities.

La mini cocina es uno de los principales puntos focales del apartamento, marcando el área donde se cocina y se come. También enmarca el paso entre la zona de entrada y la sala principal, que alberga diversas actividades cambiantes.

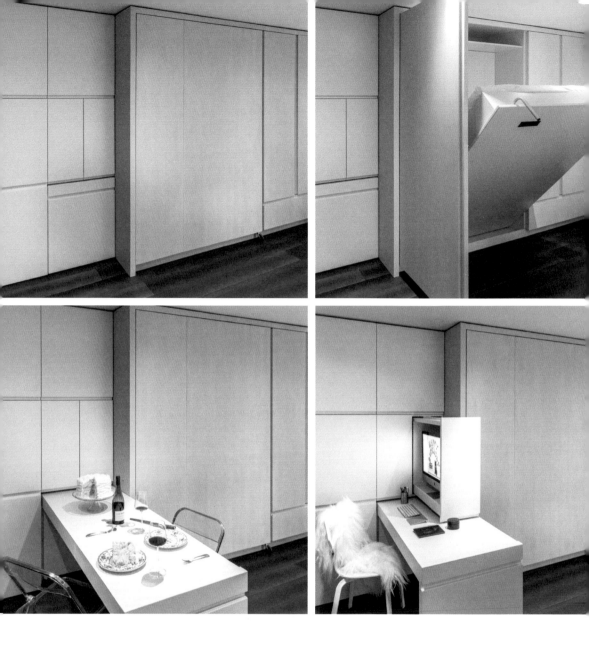

Murphy beds or wall beds are convenient space-saving feature for small rooms that allow for flexibility without compromisin on comfort. A wall unit includes clothes storage, pantry storage, and a pull out dining table that is paired with a pull-out workstation that converts th table into a home office with desktop computer and file cabinet.

Las camas de pared son ideales para ahorrar espacio en habitacione pequeñas que permiten flexibilidad sin comprometer la comodidad.
Una unidad de pared incluye almacenamiento de ropa, despensa d almacenamiento, y una mesa de comedor extraíble que se combina co una zona de trabajo, que convierte la mesa en una oficina con ordenado y archivador.

Bathrooms are perhaps one of the most challenging rooms to design in small homes, not only because of the space limitations but also because, unlike any other room in a home, they need to be enclosed, which might create a feeling of confinement. The design of this small bathroom uses two design gestures to make it look inviting and spacious. It features a cool color scheme that reflects the light and floor-to-ceiling tilework that visually expands the space.

Los baños son quizás una de los espacios más difíciles de diseñar en las casas pequeñas, no sólo por las limitaciones de espacio, sino también porque, a diferencia de cualquier otra habitación de una casa, necesitan estar cerrados, lo que puede crear una sensación de encierro. El diseño de este pequeño cuarto de baño utiliza dos detalles de diseño para que luzca acogedor y espacioso. Presenta una combinación de colores fríos que reflejan la luz y el trabajo de los azulejos y baldosas desde el suelo hasta el techo que expande visualmente el espacio.

VERSAILLES

388 sq ft | 36 m^2

Catseye Bay
Sydney, New South Wales, Australia
Photo © Katherine Lu

The renovation of this compact apartment makes a bold design statement with exquisite attention to detail. A delicate approach was guided by the building's original art deco features and the designer's wish to experience the spatial possibilities the apartment had to offer. The design for the one-bedroom apartment developed by taking into account the different daily activities. Progressively, it reveals the apartment's layout through a series of inserted sculptural elements, producing stimulating sight lines, circulation paths, and separations.

La renovación de este apartamento compacto es una declaración de diseño audaz con exquisita atención a los detalles. Un enfoque delicado fue guiado por las características originales del edificio art deco y el deseo del diseñador de experimentar las posibilidades espaciales que el apartamento tenía para ofrecer. El diseño de este apartamento de una habitación se desarrolló teniendo en cuenta las diferentes actividades diarias. Progresivamente, revela la distribución del apartamento a través de una serie de elementos escultóricos insertados, produciendo estimulantes líneas de visión, vías de circulación y separaciones.

The separations between different spaces aren't rigid. Rather, the different areas merge, "borrowing space" from each other, says Sarah Jamieson, director of design at Catseye Bay. Walking into the studio, the visitor is first led around a bold, sinuous, and uncompromising form—which also functions as generous wardrobe space—then swoops around to reveal the essentials required to sleep, sit, and store.

Las separaciones entre los diferentes espacios no son rígidas. Más bien, las diferentes áreas se fusionan, "tomando prestado espacio" unas de otras, dice Sarah Jamieson, directora de diseño de Catseye Bay. Al entrar en el estudio, el visitante es conducido alrededor de una forma audaz, sinuosa e intransigente -que también funciona como un generoso espacio de armario- y luego se precipita para revelar lo esencial que se requiere para dormir, sentarse y almacenar.

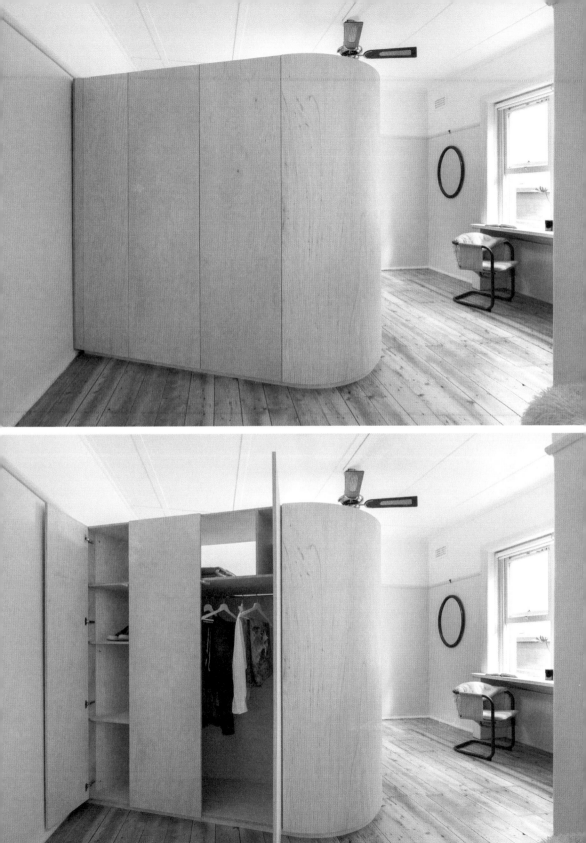

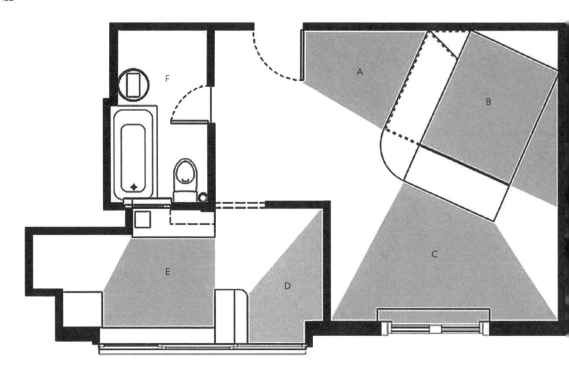

Floor plan

A. Dressing
B. Sleeping
C. Lounging
D. Eating
E. Cooking
F. Bathing

The design of this apartment is guided by two curved pieces of cabinetry fabricated in birch plywood and serving multiple functions. The location and orientation of the larger cabinet within the main space was determined by natural circulation flow and by its spatial relationship with a window, creating a cozy open space shared by the lounge and the bedroom.

El diseño de este apartamento está guiado por dos piezas curvas fabricadas en madera contrachapada de abedul y que cumplen múltiples funciones. La ubicación y orientación del armario más grande dentro del espacio principal queda determinada por el flujo natural de circulación y por su relación espacial con una ventana, creando un espacio abierto y acogedor compartido por el salón y el dormitorio.

Conceptual diagram exploring the addition of a room-like joinery element to the apartment. This diagram suggests that the joinery element could produce other spaces simply through its orientation in the existing plan.

Diagrama conceptual que explora la adición de un elemento de carpintería similar a una habitación del apartamento. Este diagrama sugiere que el elemento de carpintería podría producir otros espacios simplemente por su orientación en el plano existente.

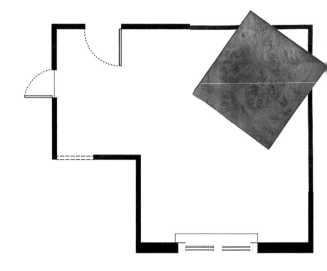

The designer created the sculptural pieces of cabinetry inspired by the art deco decorative features throughout the building. Another source of inspiration was the simple integrity of artist Donald Judd's joinery created in the 1980s.

El diseñador creó las piezas escultóricas inspirado en los elementos decorativos art deco de todo el edificio. Otra fuente de inspiración fue la simple integridad de la carpintería del artista Donald Judd creada en 1980.

Materials and colors are critical design elements aimed at providing spaces with a particular feel. Their use should be restrained in small spaces, where it is easy to overdo.

Los materiales y los colores son elementos de diseño esenciales destinados a proporcionar a los espacios una sensación particular. Su uso debe ser restringido en espacios pequeños, donde es fácil excederse.

An L-shape counter-height cabinet frames the kitchen. Its shape echoes its larger counterpart, but its proportions adapt to the smaller proportions of the kitchen.

Un armario en forma de L enmarca la cocina. Su forma recuerda a la de su homólogo más grande, pero sus proporciones se adaptan a las más pequeñas de la cocina.

BONECA APARTMENT

258 sq ft | 24 m²

Brad Swartz Architects
Rushcutters Bay, New South Wales, Australia
Photo © Tom Ferguson

Aptly named Boneca Apartment—doll's house in Portuguese—by the client, this apartment has a sense of luxury and refinement way beyond its size. The design team approached the remodel of this apartment utilizing two complementary design tactics to create a discrete separation between the public and the private spaces. A floor-to-ceiling sliding hardwood screen is the key device for expressing this separation. More than half of the apartment's area is free from any partition to make room for an open living and dining area. The kitchen, bedroom, bathroom, wardrobe, and storage were then arranged behind the screen, all interlocking like Tetris pieces.

Llamado por el cliente como Apartamento Boneca -casa de muñecas en portugués-, este apartamento tiene una sensación de lujo y refinamiento que va mucho más allá de su tamaño. El equipo de diseño se acercó a la remodelación utilizando dos tácticas de diseño complementarias para crear una separación discreta entre los espacios públicos y privados. Una rejilla deslizante de madera dura de suelo a techo es el dispositivo clave para expresar esta separación. Más de la mitad del área queda libre de cualquier partición, consiguiendo espacio para una sala y comedor abiertos. La cocina, el dormitorio, el baño, el armario y el almacén se colocaron detrás del panel modular, todos entrelazados como piezas de Tetris.

The hardwood screen runs perpendicular to the windows and guides the circulation from the entry door into the heart of the apartment without affecting the visual sense of the space and allowing natural light and airflow.

Assisting the screen is the bedroom's angled wall that broadens the sight line on entering the apartment, to take in the full width of the windows. The bedroom is reduced to bare essentials, accommodating a double bed with bulk storage below and a recessed shelf beside.

El panel de madera se extiende en perpendicular a las ventanas y guía la circulación desde la puerta de entrada hasta el corazón del apartamento, sin afectar el sentido visual del espacio y permitiendo la entrada de luz natural y el flujo de aire. La pared angulada del dormitorio amplía la línea de visión desde la entrada del apartamento, abarcando todo el ancho de las ventanas. El dormitorio se reduce a lo esencial, acomodando una cama doble con almacenamiento a granel en la parte inferior y un estante empotrado a su lado.

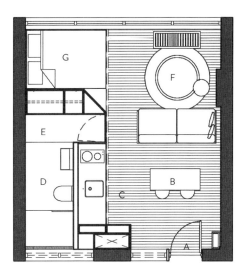

Floor plan

A. Entry
B. Dining area
C. Kitchen
D. Bathroom
E. Wardrobe
F. Living area
G. Bedroom

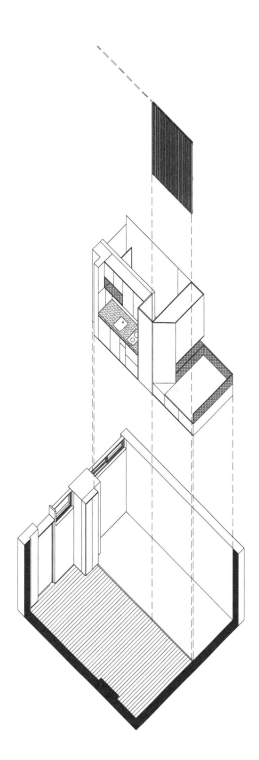

Exploded axonometric

1. The location of the timber screen defines the function of the apartment at any time.
2. All functions of the apartment—kitchen, bathroom, wardrobe—are fitted together like Tetris pieces.
3. A tightly packed core creates a living space comparable to that of a small one-bedroom apartment.

1. La ubicación de la rejilla de madera define la función del apartamento en cualquier momento.
2. Todas las funciones del apartamento -cocina, baño, armario- se encajan como piezas de Tetris.
3. Un núcleo muy apretado crea un espacio vital comparable al de un pequeño apartamento de un solo dormitorio.

The bathroom and dressing area flow into each other for a seamless effect and most efficient use of the space.

El cuarto de baño y el vestidor fluyen uno dentro del otro para lograr un efecto sin fisuras y un uso más eficiente del espacio.

STUDIO FLAT

377 sq ft | 35 m²

Creative Ideas & Architecture Office
Team: Diego Dalpra, Enrico Less, Alessandro Penna,
Tiberia Motoc, Francesco Russo, and Guido Morello
London, United Kingdom
Photo © Francesco Russo

The renovation of a 35 square-meter studio flat responds to the client's request for the creation of a compact living space where he could live comfortably even when his family and friends are visiting, without having to compromise on space. The open plan layout eliminates unnecessary boundaries, allowing light to flow inside.

Part of the floor is raised to accommodate the bed. It is separated from the living area by a bookshelf that has its back lined with felt to optimise acoustic comfort. Extra storage space is provided by the built-in wardrobe in the living area and the drawers within the steps leading to the raised bed and to a storage space above the bathroom.

La renovación de un estudio de 35 m² responde a la solicitud del cliente de crear un espacio habitable y compacto donde poder vivir cómodamente incluso cuando su familia y amigos lo visitaran, sin que el propio espacio fuera un inconveniente. La disposición abierta del plano elimina los límites innecesarios, permitiendo que la luz fluya en su interior.

Parte del suelo se eleva para dar cabida a la cama. Está separada del salón por una estantería forrada con fieltro en la parte posterior, para optimizar el confort acústico. Se proporciona espacio de almacenamiento adicional a través del armario empotrado del salón y de los cajones de los escalones que conducen a la cama. También hay un espacio de almacenamiento encima del baño.

The bespoke furniture adapts to space and function. Such is the case of a second bed neatly hidden under the raised floor. When not used, the second bed leaves space to a clever home office.

El mobiliario a medida se adapta espacial y funcionalmente. Como es el caso de una segunda cama cuidadosamente escondida bajo el suelo elevado. Cuando no se utiliza, la segunda cama deja espacio para una ingeniosa oficina en casa.

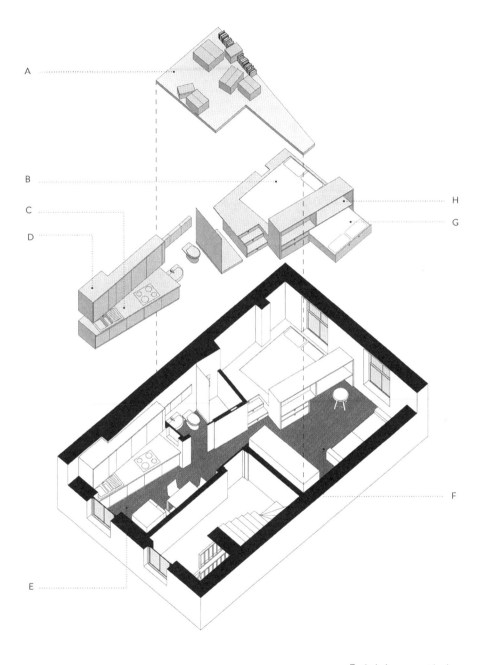

A
B
C
D
E
H
G
F

Exploded axonometric view

A. Mezzanine / Storage
B. Main double bed
C. Bespoke kitchen furniture
D. Boiler
E. Bolon flooring
F. Under floor heating
G. Secondary double bed
H. Desk

Despite its small dimensions, the kitchen looks spacious. The lack of pulls or handles on the cabinet fronts and the light colour scheme contribute to this effect.

A pesar de sus pequeñas dimensiones, la cocina parece espaciosa. La falta de tiradores o picaportes en los frentes del armario y la paleta de colores claros, contribuyen a crear este efecto.

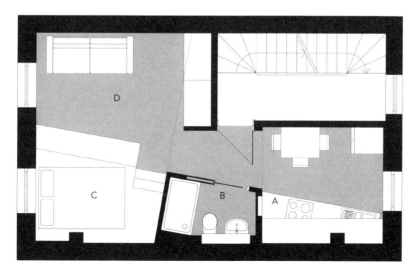

A. Kitchen / dining
B. Bathroom
C. Bedroom / storage
D. Living / office

Floor plan